El secreto de la vida

Scott Stoll

con la colaboración de escuelas primarias de Argentina

Cayendo Hacia Arriba: *El Secreto de la Vida.*
por Scott Stoll con la colaboración de escuelas primarias de Argentina

Copyright © 2011 de Scott Stoll.
Primera edición. Publicado por The Argonauts. Impreso en los Estados Unidos.

Todos los derechos reservados según leyes de derechos de autor internacionales y de los Estados Unidos. Queda prohibida la reproducción o utilización en cualquier formato o medio, ya sea fotocopia, electrónico o cualquier otro, sin el consentimiento escrito de la editorial; excepto en el caso de citas breves. Para solicitar autorización u otra información, dirigirse al autor a través de la siguiente página web: http://www.theArgonauts.com

Autorizaciones: Las ilustraciones reproducidas son cortesía de las escuelas primarias de Argentina, planteles administrativos y docentes, padres y alumnos. Ver agradecimientos en las páginas 93 a 104. Diseño de tapa: Scott, inspirado por decenas de alumnos. Foto de contratapa: Scott, inspirada y hecha posible por the Poplar Creek Elementary School, New Berlin, Wisconsin, USA.

Algunos nombres, lugares y hechos han sido combinados y/o modificados para proteger la identidad de las personas involucradas y/o a los fines de claridad artística, pero la autenticidad emocional de la historia experimentada por el autor no ha sido sufrido modificaciones significativas.

Para obtener información actualizada sobre esta obra, visite el sitio web:
http://www.theArgonauts.com/falling-uphill/copyright.shtml

ISBN: 978-0-982-7842-35

¿Cómo sería el peor día que puedan imaginar?

Así es como me sentía, aunque probablemente me sintiera peor porque estaba sucediendo en la realidad.

Me sentía muy triste.

La vida parecía muy injusta.

Así que decidí imaginar un sueño.

"Si pudiera hacer algo, ¿Qué haría?...."

"¡Ya sé! Ir a recorrer el mundo en BICICLETA..."

"...buscando el mayor de todos los secretos, que devele el misterio de todas las cosas".

Así que empaqué en mi bicicleta todo lo que necesitaba para sobrevivir: una carpa, una bolsa de dormir, herramientas, ropa y un calentador.

Y comencé a pedalear...

...buscando los secretos del universo.

Estaba tan emocionado que sentía que era mi sueño el que me estaba llevando en bicicleta.

Atravesé muchos lugares, desde desiertos y selvas pasando por mesetas y llanuras.

Bajo todo tipo de condiciones climáticas: sol, lluvia, nieve, viento, huracanes, inundaciones y muchas cosas más.

Bebí agua de los ríos y comí comidas exóticas como manzanas silvestres y saltamontes fritos. Me bañé en lagos y dormí bajo las estrellas… y a veces sobre charcos de lluvia.

Busqué en todos lados, desde la cima de las montañas más altas hasta el fondo del mar.

Cuando me preguntaban cómo hice para cruzar el océano, me reía y decía: "Inflé las ruedas de mi bicicleta un poco más".

Viví muchas aventuras:

En mi país, los Estados Unidos de América, yendo por un camino en Kentucky, encontré a una anciana que se había desmayado por el calor. La llevé a su casa en brazos y le di algo frío para tomar.

En Centroamérica, mi amigo Dennis armó la carpa en la habitación del hotel porque había más mosquitos adentro que afuera.

En México, vi millones de mariposas Monarca, y pensé: "¿Seré como una oruga que un día se convertirá en mariposa?"

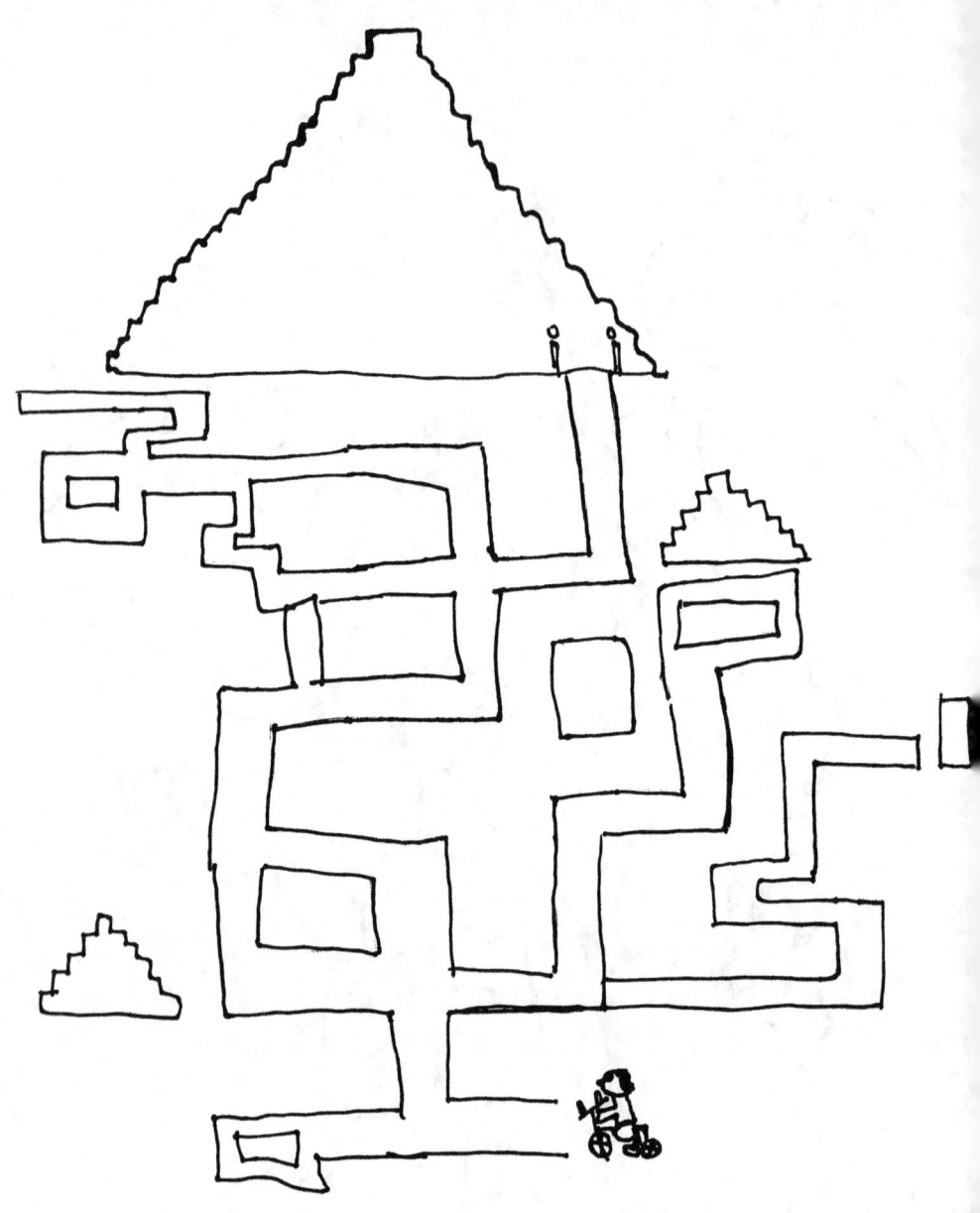

En el continente sudamericano, en un país llamado Perú, me perdí en la Ciudad Perdida de los antiguos Incas.

En el desierto del Gran Chaco, en Argentina, me quedé varado en el barro durante dos días hasta que una familia me rescató. Me dijeron que tuve suerte porque a las anacondas, tarántulas y pirañas les encanta el sabor de la gente de EE.UU.

En Europa visité lugares turísticos...

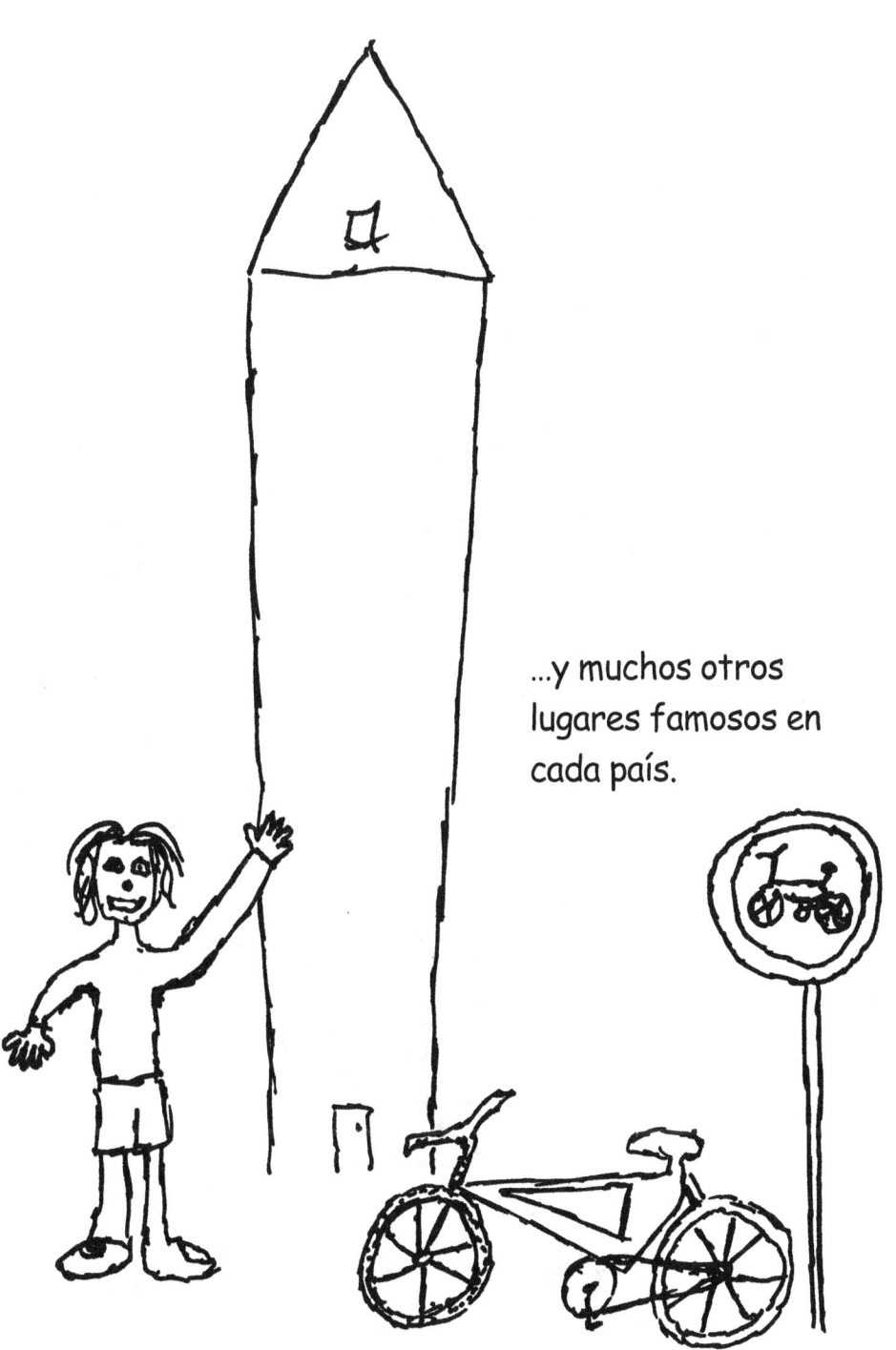

...y muchos otros lugares famosos en cada país.

En Egipto, exploré tumbas antiguas sepultadas bajo las grandes pirámides.

En África Oriental, jugué a las damas y tomé el té con unos guerreros Maasai que me dijeron: "Sos un poco africano, hermano".

En India, me picó un mosquito diminuto que me transmitió dengue. Ese fue uno de los muchos inconvenientes que tuve... y no precisamente la clase de aventura que esperaba.

En el Tíbet, en las alturas de los Himalaya, mi amigo Edwin cambió una lapicera por una oveja que llamamos Pequeña Bo Peep, la oveja ciclista.

En Tailandia descubrí El Medio de La Nada.

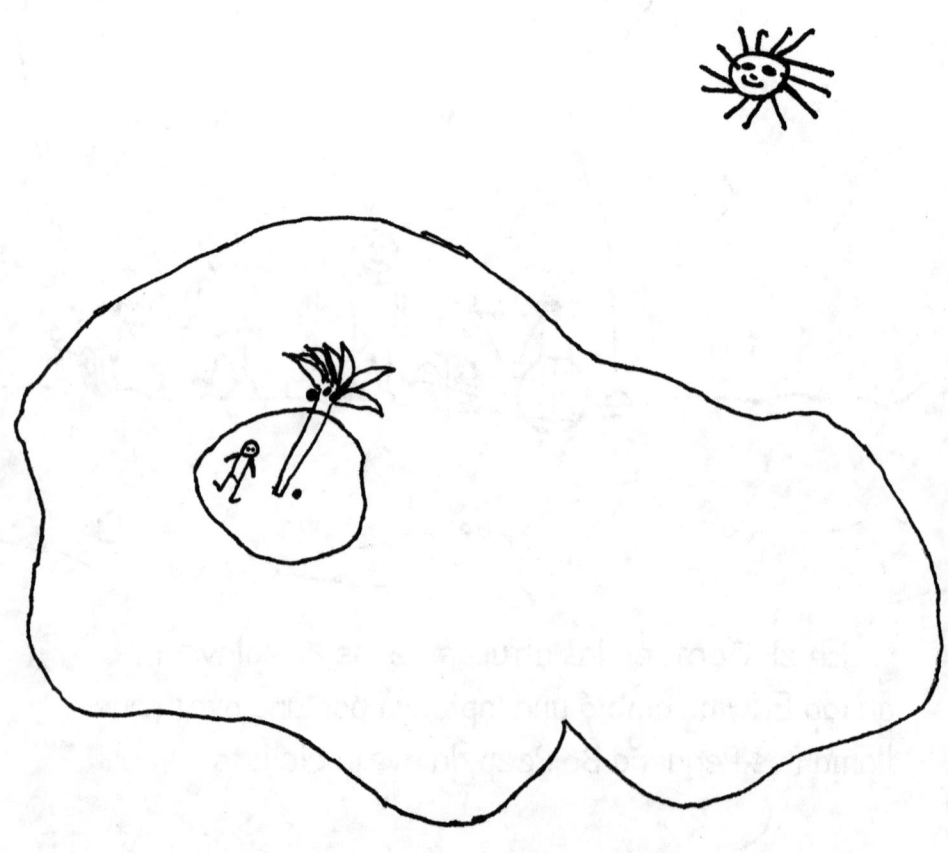

Y al otro lado del mundo, allá lejos,
en Australia, me volví loco.

En la isla de Nueva Zelanda, me enamoré...
y allí quedó mi corazón.

Hasta descubrí el Polo Este, escondido en las alturas de los Himalaya.

Me di cuenta de que mis mejores aventuras no fueron las que había planeado sino otras tan increíbles que hubiera sido imposible imaginarlas, como cuando conocí a un médico brujo que podía hacer que cocodrilos mágicos asustaran a sus enemigos.

Y descubrí que, a veces, los peores momentos resultaban ser los mejores, como cuando subí con mi bicicleta una montaña tan alta...

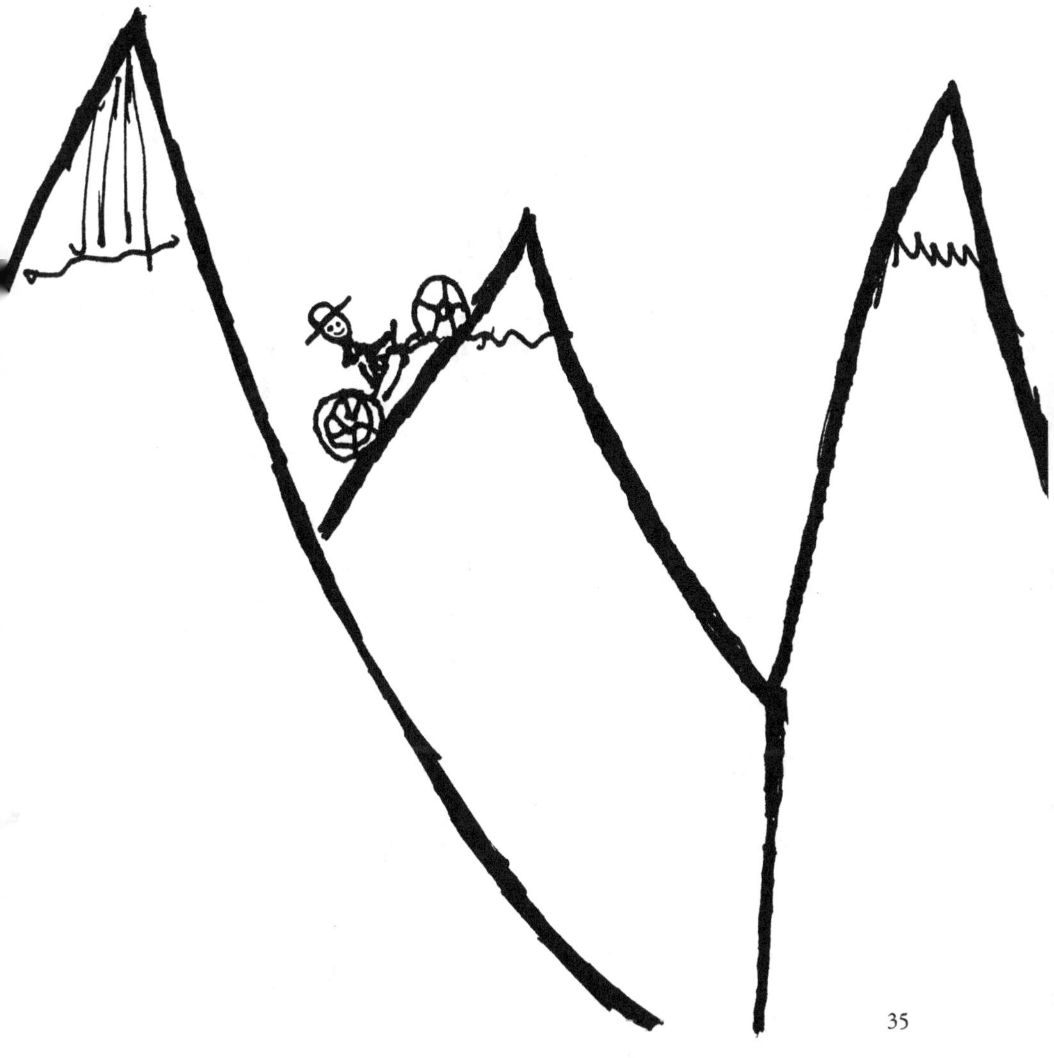

...pero cuando me levanté me di cuenta de que por accidente había avanzado en mi camino y que estaba mucho más cerca de mi meta.

"Estoy cayendo hacia arriba", pensé.

Pensar que caía hacia arriba me hizo reír y de pronto sentí que mi bicicleta se había vuelto liviana como una pluma.

Vi muchos animales durante mi viaje.

Me picó un escorpión y no sólo una vez sino tres.

Un elefante africano muy enojado me persiguió para proteger a su cría...

...y un amistoso elefante asiático me llevó a dar un paseo.

Los leones me miraban y pensaban si podrían comerme.

Nadé en un río lleno de cocodrilos y...

...y me comí un cocodrilo antes de que él me comiera a mí.

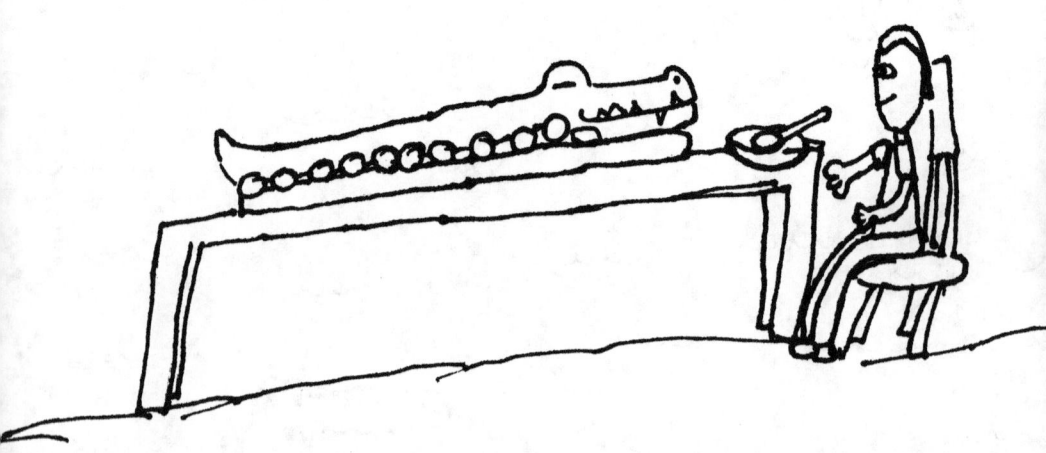

Un animal me asustó tanto que casi me pongo a llorar pero después me di cuenta de que era sólo una ardilla y que ella me tenía más miedo a mí que yo a ella.

Los animales me enseñaron muchas cosas: del cocodrilo aprendí que no soy tan diferente con mis grandes dientes y mi panza hambrienta. Me parezco mucho al elefante, con mi graciosa nariz y mis grandes orejas. Y puedo hacerles cosquillas a mis amigos como una mariposa o, si alguien me pisa, lo pico como un escorpión.

Y el animal más peligroso era el león que tenía adentro.

Conocí a millones de personas de culturas extrañas que hablaban idiomas raros. Bueno, raros para mí, pero perfectamente normales para ellos. Y ¿¿¿Adivinen qué???

Ellos pensaban que yo era igual de raro. En realidad, somos todos únicos y algunas veces nos olvidamos de que cada uno de nosotros es único y especial.

Vi gente tan rica que no podía creer que necesitaran tantas cosas y también vi gente tan pobre que no podía creer que pudieran sobrevivir con tan poco. Y he aquí que descubrí un gran misterio, algo muy curioso: los más pobres que conocí solían ser los más felices, tal vez porque para ellos todo era valioso, hasta una sonrisa.

En todo el mundo, los niños corrían descalzos junto a mi bicicleta y me decían: "Hola, amigo. ¿A dónde vas?"

Vi muchos estilos de vida diferentes:

Compartí la mesa con familias que vivían en chozas de barro en las frías alturas de los Andes.

Viví con aborígenes en los desiertos de arena.

Ayudé a los granjeros a cosechar caña de azúcar en el caluroso clima tropical.

Las personas de todo el mundo que conocí me enseñaron muchas cosas como geografía, política, religión, filosofía, psicología... y más cosas con nombres mucho más difíciles que no sabía ni que existían.

No pensaba que mi viaje significara algo para nadie más hasta que conocí a un hombre llamado Goliath en Grecia. El y su familia me dijeron al partir: "Gracias por hacernos conocer algo más del mundo".

Ahí me di cuenta de que mi pasión, al igual que mi amor por los elefantes y las mariposas era contagiosa.

Mis historias inspiraban a muchas personas a soñar sus sueños y a contarles a sus hijos y a los hijos de sus hijos la leyenda de ese loco que un día pasó en bicicleta por su aldea.

Cada persona me veía de distinta manera. Para algunos era el Embajador Ciclista y para otros el Loco de la Bicicleta.

En la India, visité a una famosa gurú, una maestra muy sabia, que bendijo mi bicicleta y me dio un nuevo nombre. Me llamó el Guerrero del Corazón, para recordarme a mí y a todas las personas con las que me encontrara que hay que ser muy valiente para seguir a tu corazón.

Visité muchos lugares espirituales donde se decía que vivía Dios: catedrales, iglesias, sinagogas, templos, pirámides, ashrams, mezquitas y hasta rocas sagradas.

Durante años busqué por todo el mundo. Escalé montañas, visité monumentos y participé en rituales místicos. En mi bicicleta subí a la montaña más empinada, me bañé en la cascada más grande del mundo, saludé a las ballenas, nadé con tiburones, vi tigres tomando agua en los ríos, tornados girando violentamente y volcanes en erupción.... Podría llenar muchas páginas de muchos libros contando mis aventuras.

Le pregunté a miles de personas: ¿Cuál es el secreto de la vida? Y me dieron miles de respuestas diferentes.

Una vez, en un desierto muy caluroso y seco, descubrí que a veces, la vida significa un gran vaso de agua fresca.

Pero de todos modos sentía que no había encontrado la verdadera respuesta, esa respuesta poderosa que me revelaría los secretos del universo.

Quería seguir viajando pero como había estado en tantos lugares diferentes ya no me quedaba ningún lugar por visitar. Además estaba muy cansado.

Finalmente, cuando volví a casa, me encontré con un gran mago, el maestro de los maestros que me estaba esperando en persona en mi propia casa. Cuando me vio entrar, me dijo: "Te estuve esperando todo este tiempo".

"Te ves muy normal para ser un mago",
le dije dudando.

"Algunos creen que soy un dragón que tira fuego", me dijo el mago. "Otros creen que soy el abominable hombre de las nieves. Pero la mayoría de las personas ni siquiera pueden verme y todos ven únicamente lo que quieren ver".

El mago podía mover objetos con su mente y hacer las cosas más sorprendentes que ni siquiera se pueden imaginar porque tendrían que haber estado allí para verlas.

Y sus mentes deberían estar abiertas para verlo.

El mago ayudó a abrir mi mente. Me dijo: "La razón por la cual viajaste por todo el mundo y no encontraste el secreto de la vida es porque…"

En ese momento, me pareció que el tiempo se detenía mientras esperaba que el mago terminara de hablar. ¿Iba a descubrir el gran secreto en el único lugar donde no había buscado, mi hogar?

el tiempo se detiene el reloj se congela

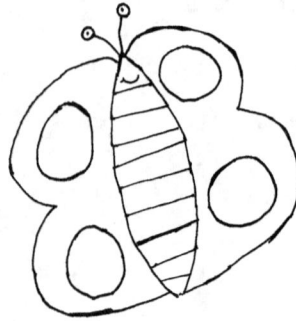

"¡Tú eres el secreto!", dijo el mago.

"¿Yo soy el secreto?", mi voz temblaba sin llegar a creerle.

"Sí y el secreto es el sueño dentro tuyo", dijo el mago.

"No entiendo". Ahora me sentía confundido.

"¿Quieres que te muestre la magia del secreto?", preguntó el mago.

"Sí," le dije emocionado.

"¿Por qué viajaste por el todo el mundo en bicicleta?," me preguntó.

Era la misma pregunta que me habían hecho decenas de veces todos los días durante años. Tantas personas extrañas de diferentes culturas, idiomas, educación, edades, géneros, colores, formas y tamaños, felices o tristes, me habían preguntado lo mismo me di cuenta de que no importaba qué extraños me parecieran, todos somos iguales, porque todos estamos llenos de amor aunque temerosos de que nuestros sueños no se hagan realidad.

Me pregunté a mí mismo: "¿Por qué viajé por todo el mundo en bicicleta?" Tenía miles y miles de respuestas — una por cada duda que tuve a lo largo del camino — pero ninguna razón lógica, así que pensé por un momento y simplemente dije: "Porque mi sueño me quemaba en el corazón como un fuego".

"Ésa es la magia", dijo el mago. "Si sientes que tu sueño te quema en tu corazón como un fuego, puedes lograr todo lo que imagines".

"Ay", dije, con la sensación de que una gran burbuja había explotado en mi cara y dándome cuenta de que había llevado el secreto conmigo por todo el mundo.

"Y ahora debo advertirte", dijo el mago con seriedad. "Una vez que sabes que tú eres el secreto de la vida, eso te cambiará para siempre. El desafío es que la vida es como una bicicleta: es imposible aprender a andar en bicicleta sin caerse de vez en cuando. Así que debes saber esto: mientras juegas con la vida, hay una sola manera de fallar — y esa manera es no intentarlo".

"Recuerda, sé feliz. No tengas miedo", y acercándose me susurró al oído: "Te diré otro pequeño secreto de la vida: a veces, es normal tener miedo. Por eso, cuando tengas sueños feos, recuerda buscar el arco iris. Ten fe de que lo imposible puede ser posible y cuando te sientas pequeño, recuerda que puedes ser grande".

"Y hay otra clave para la vida", me contó el mago. "Nunca hubieras podido viajar por el mundo en bicicleta si alguien más no hubiera soñado con hacer una bicicleta y si otra persona no hubiera soñado con construir caminos para bicicletas y otra con construir hermosos lugares para visitar... y así sucesivamente.... Así que recuerda, no estás solo. Tus amigos también tienen sueños y todos los sueños se ajustan a la perfección como una llave en la cerradura. Hasta los extraños participan contigo en esta aventura de la vida, porque no puede haber un sueño sin otro sueño, que crea otro sueño más y así hasta el fin de los tiempos... y luego comienza todo otra vez, con la explosión de otro sueño".

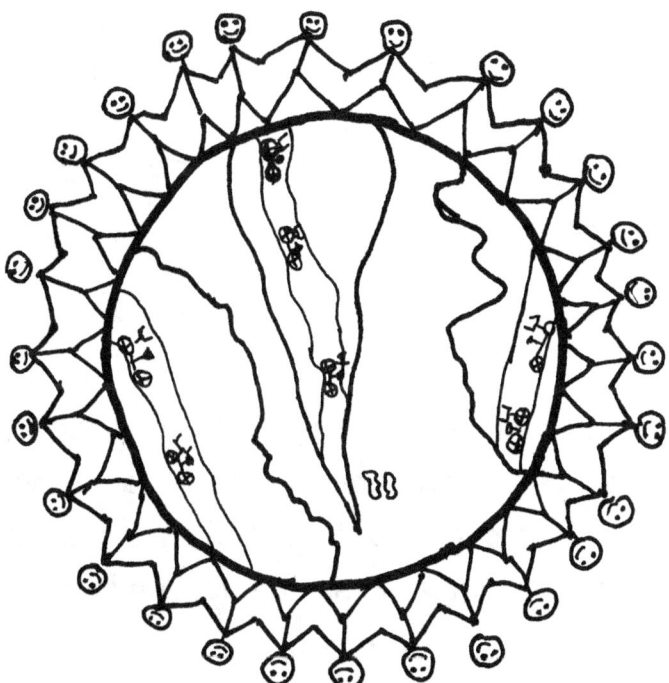

Y éste, mis amigos, es el secreto para ser un gran explorador, futbolista, bailarina de tango, sanador, científico, artista, panadero, estudiante, maestro, barrendero o cualquier cosa que puedan imaginar....

Y todo comienza contigo.

Y tú comienzas con un sueño...

Un sueño que quema con pasión.

Así que ahora conocen el secreto que me llevó toda la vida descubrir.

Se necesita práctica. Tengo muchos malos hábitos que debo desaprender para poder volver a aprender a ser un gran mago de la vida.

Pero ustedes, amigos, son muy jóvenes y tienen toda la vida por delante y si comienzan a practicar ahora, podrán hacer cosas mucho más asombrosas que yo.

Y... si yo pude viajar por todo el mundo en bicicleta...

...¡Imaginen cuántas cosas podrán hacer ustedes!

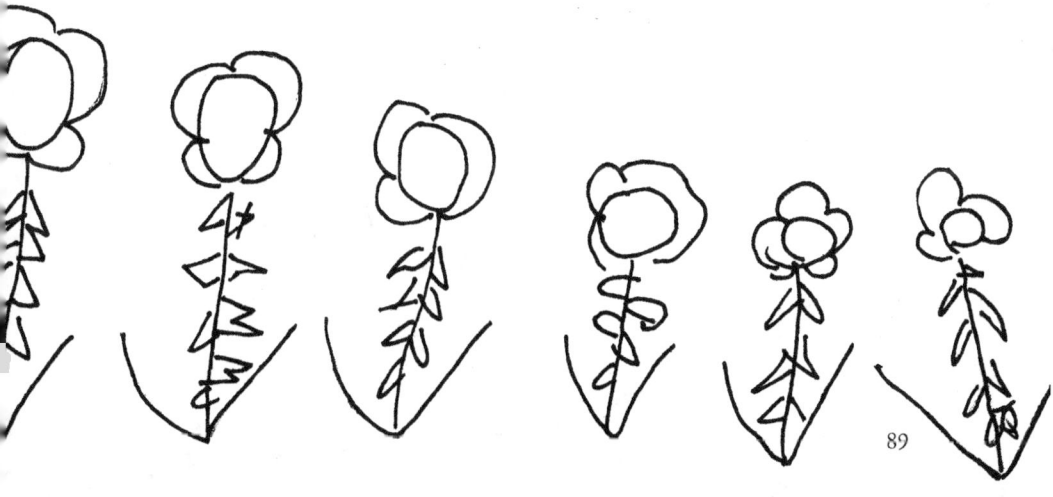

Comienzo.

Agradecimientos

Hace mucho tiempo mientras recorría Argentina en bicicleta, nos quedamos varados en el barro con mi amigo Dennis en la provincia del Chaco. No nos podíamos mover y nos estábamos quedando sin agua y comida. Por suerte, al segundo día, una familia argentina nos rescató y nos llevó a su casa. Vivimos con la familia durante cinco días y éramos bienvenidos por todos los miembros de la comunidad. Dennis y yo pensábamos en cómo retribuirles su amabilidad así que les agradecimos mucho de corazón como pudimos y el padre con la mueca de siempre nos dijo: "Por nada, gracias por mostrarle a mi pueblo y a mis hijos que es posible lograr lo imposible". Para mí era una de las primeras imágenes que empezaban a mostrarme que la felicidad estaba delante de mis ojos. Por eso para Dennis y para mí, este libro tiene un significado especial: es una manera de retribuir la amabilidad y sabiduría de esa familia y la oportunidad de sembrar las semillas de los sueños en todas las personas que lean este libro.

Ha sido un gran honor en mi vida haber sido invitado por la Embajada de Estados Unidos y las escuelas de Argentina para colaborar en esta edición especial. Espero que todos comprendan que independientemente de que su dibujo haya sido incluido o no en el libro, todos y cada uno de los alumnos han aportado al libro su pasión e ideas y esto abarca a la comunidad que brindó su apoyo a los niños. Por ejemplo, es interesante ver cómo cada clase en forma inconsciente generaba un tema como sucedió en la Fundación COR, que hizo decenas de dibujos de corazones y gente con forma de corazón representando a las personas que aman. Esto me recordó que los niños son niños en todas partes del mundo y es un ejemplo de lo que significa caer hacia arriba por las montañas de la vida.

Existen cientos de personas que participaron en la creación de este libro. Quiero expresar mi más profundo agradecimiento por hacer posible esta edición a Shannon Farrell. Su pasión y su magia personal para hacer que las cosas sucedan hicieron posible este proyecto. Existen muchas más personas que trabajaron con gran dedicación para hacer este proyecto realidad y que son muy importantes también. Laura Santamarina, por su capacidad de organización inspirada por la pasión por los niños y que hizo posible que todos estuvieran en el lugar indicado y a la hora correcta. Jorge Gómez que tuvo el don sobrenatural para seguirme con la cámara de video y poder documentar la realización del libro para la posteridad. Neal Murata, por su inspiración incondicional. Cynthia Smith, por la revisión final de la traducción en castellano y Jake Elsen, por ayudarnos a obtener los permisos sin los cuales no hubiera sido posible publicar las ilustraciones en el libro.

Muchas gracias a todas las personas mencionadas en el libro por darle el lugar a este proyecto. Es increíble la cantidad de proyectos magníficos que auspicia la Embajada para promover la diversidad cultural, la educación, y el entendimiento entre las personas.

Estoy orgulloso de ser Embajador Cultural.

También quiero extender un agradecimiento especial al equipo de Poplar Creek Elementary (ver foto en la tapa de atrás del libro) responsable de la edición en inglés de Falling Uphill: al Director Jane Gennerman, al Director Asociado, Larry Lueck, a la profesora de diseño, Terry Berg y especialmente a la profesora Kate Krzysik por la visión para ver el potencial de este proyecto. Gracias a mi familia por el apoyo incondicional que hizo posible este libro. Por último, gracias a todos mis lectores. A través de ustedes estas historias seguirán viviendo, creciendo e inspirando a sus comunidades y al mundo.

¡Buenos vientos y hasta pronto! ~ Scott

Shannon B. Farrell
Agregada de Prensa de la Embajada de los Estados Unidos en Argentina

Shannon, como Scott, nació en Milwaukee, Wisconsin en EE.UU. y de niña pasó muchas horas andando en bicicleta con su hermano, John, por su vecindario en el pueblo de Thiensville, Wisconsin. De su madre, Carole, heredó el gusto por viajar por el mundo y de su abuela, Gertrude Bell, quien fue maestra durante 40 años, el gusto por la lectura. Pero fue su padre, William, quien le inculcó con la confianza de realizar todos sus sueños, pequeños y grandes, incluso el de ser abogada y diplomática. Vivir en Buenos Aires estos últimos dos años ha sido un sueño realizado para ella.

Neal S. Murata
Agregado Cultural de la Embajada de los Estados Unidos en Argentina

Neal se siente un hijo de la playa, ya que paso la mayoría de su niñez construyendo castillos de arena, barrenando y persiguiendo olas en Hawaii y en el sur de California. Su héroe, TinTin, lo inspiró a viajar por el mundo, buscando aventura y ayudando a los demás. Estudió lingüística y educación y después de ser maestro de secundario por varios años en Nueva York, decidió trabajar como Agregado Cultural en los rincones más lejanos del mundo. Trabaja con estudiantes, jóvenes, y personas que tienen ganas de aprender más sobre la cultura y la gente de los Estados Unidos, eso siempre que no se encuentre trabajando como Embajador del SPAM (la carne en lata mas deliciosa de los EE.UU.). En estos momentos se encuentra viviendo en Buenos Aires y su sueño antes de irse del país es encontrar el choripan más rico de toda la República Argentina.

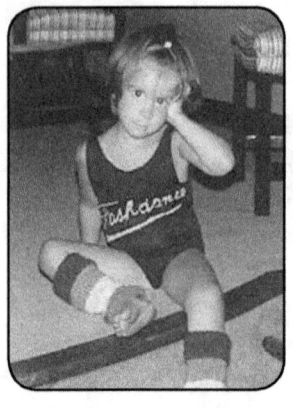

Laura Santamarina
Sección Cultural de la Embajada de los Estados Unidos en Argentina

Laura nació un marzo hace muchos años en Buenos Aires, Argentina. Su familia vive por todo el mundo, desde Estados Unidos hasta China, pasando por Londres. Estudió cine, fotografía, radio y televisión y terminó trabajando en cultura. Siguiendo los pasos de su familia trabaja en una Embajada como la mayoría, empezando por su abuelo que empezó la tradición. Hoy vive en Buenos Aires después de muchos años de explorar el mundo, finalmente volvió a casa para quedarse. Laura sueña con poder conocer un día todo los países del mundo, pero más importante aun para ella sería poder ayudar a muchos chicos a realizar sus sueños.

Agradecimientos Especiales

Embajadora de los EE.UU. en la Argentina, Vilma S. Martinez, Ministro Consejero de los EE.UU. en la Argentina, Jefferson Brown, Sol Rubio, Larisa González (Corrientes), Carlos Nadal (Chaco), Nidia Ester Josuran, María Catalina Benítez, Javier Cánepa, Eda Vera, Roxana (Maestra de Computación Escuela Nro. 607).

Quiero agradecer especialmente a la familia argentina que nos rescató del barro. Es una pena que no pudimos volver a encontrarlos. Les muestro una foto del año 2002, de Pablo, el menor de la familia, probándose el casco de Dennis.

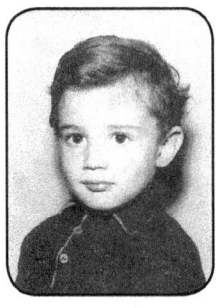

Javier Cánepa
Director Escuela Pública Nro. 3 "Arturo Marasso"

Javier nació en una familia de docentes hace casi cinco décadas en la ciudad de Buenos Aires. Las vueltas de la vida hizo que trabajara desde muy chico, y que hasta abandonara la escuela. Pero igual, la tradición familiar le despertó el interés de ser maestro y se dedicó a enseñar. Ya lleva veinticuatro años traba¬jando en distintas escuelas a veces en la ciudad, y otras veces en el campo. Desde hace cuatro años trabajacomo Director en una escuela primaria de la Provincia de Buenos Aires.

Maria Catalina Benítez
Bibliotecaria Escuela Pública Nro. 423 "Yebrail Matta"

Katy nació en Resistencia, Provincia del Chaco un frío día de agosto del '73, actualmente vive en esta ciudad. Está casada con Miguel y tiene dos bellas hijas, Paula y Constanza. Estudió profesorado de Educación Física, pero su cuerpo no pudo con tanto esfuerzo, entonces se dedicó a los libros y se puso a estudiar bibliotecología y así comenzó su amor por los libros y la literatura. Se recibió de bibliotecaria, y hoy tiene la posibilidad de compartir y transmitir ese amor por los libros, a muchos niños de la Escuela Yebrail Matta, donde actualmente trabaja.

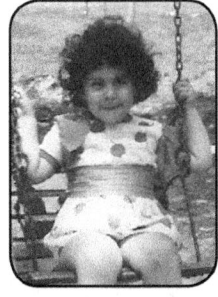

Lorena Carracedo
Directorade la Escuela Especial Bilingüe para SordosNro. 29 "Dr. Osvaldo Magnasco"

Lorena nació en Buenos Aires, Argentina.Vive allí con sus tres hijos varones y su esposo. Hija de madre argentina y padre español, creció entre costumbres argentinas e historias de la lejana Galicia. Desde chica sabía que su vocación era ser maestra. Mientras estudiaba, trabajaba en un local de comidas rápidas.Allí conoció a Marcelo, su marido. Se recibió deprofesoradesordos.Enseñó muchos añosy desde 2010 es la directora de la EscuelaMagnasco. HablaLengua de Señas Argentina. Cree que en la escuelase puede aprender y enseñar con inspiración, creatividad, libertad y cooperación. Y trabaja cada día para ello.

Débora Gabriela D'Elias
Directora Escuela Especial Bilingüe para Sordos Nro. 28 "Prof. Bartolomé Ayrolo"

Me llamo Débora Gabriela D'Elias, naci un 12 de Diciembre de 1969 a las 6 de la mañana en Buenos Aires, Argentina. Fiel a mis principios aun hoy sigo siendo muy madrugadora. Crecí disfrutando del Parque Nicolás Avellaneda, y continúo viviendo en el barrio que lleva su nombre en la Capital Federal. Desde muy chiquita armaba en el patio de mi casa un aula y con tacones de mi mama, un pizarrón de juguete y tizas enseñaba a leer y a escribir a un grupo de muñecas que eran bastante haraganas y no cumplían con la tarea. Con los años confirme mi vocación y hace 20 años que trabajo en la educación de niños sordos, profesión que me ha dado infinidad de satisfacciones, muchas mas de las que podía imaginar.

Silvia Valerio. Fundación COR

El 28 de enero de 1955, Silvia decidió compartir su belleza y alegría con el mundo. Desde muy pequeña, se mostró inquieta, intrépida y audaz. Siempre guiada por una actitud entusiasta y emprendedora, tuvo una infancia feliz en la ciudad de Buenos Aires. Allí también se destacaba por su buen desempeño escolar. A sus cortos 25 años se caso con Jorge y decidieron recorrer el largo camino de la vida juntos. Conocieron muchos países, llevaron a cabo las mas locas aventuras que se les ocurrían y luego de pocos años se encontraron siendo padres de 4 hijos y hoy también abuela de Candela. Ya con el objetivo consumado de formar una familia con su marido, junto a un grupo de amigas reavivó su espíritu solidario para ayudar a niños que conviven con la enfermedad del Sida desde el año 1993. Desde entonces hasta hoy, nunca se alejó de su labor como Voluntaria de Fundación Cor, que junto a su familia la hacen todos los días un poco más feliz. ¡Brindo por eso!

Mariel Aguiar
Vicedirectora Escuela Pública Nro. 942 "Clorindo Omar Blanco"

Mariel nació en junio en la Provincia de Córdoba, su mamá y papá eran maestros. Cuando tenía cinco años sus padres no tenían trabajo y resolvieron mudarse a un pueblito del Chaco llamado Villa Berthet, donde faltaban maestros y comenzaron a trabajar como maestros de escuela rural. Mariel cursó sus estudios primarios en la escuela Nº 79 y el secundario en el Colegio Nº 1. Cuando era grande decidió seguir los pasos de sus padres y estudió en el Instituto San Fernando Rey. Hoy es maestra y está casada con un maestro. El matrimonio tiene 3 hijas y ama profundamente su familia y su trabajo.

Nieves Stojanowski
Directora Escuela PúblicaNro. 16 "John F. Kennedy Primary School"

En la Capital Federal de la República Argentina, una mañana de junio nació Nieves. Aprendió a nadar en el club Ateneo Popular de Versailles. Estudió inglés y francés. Fue cosechando sonrisas, abrazos, palabras cariñosas recién aprendidas a escribir o leer a lo largo de todos los años como maestra. Hoy disfruta siendo la Directora de la Escuela "John F Kennedy".

Escuelas y docentes

Escuela Pública Nro. 16 "John F. Kennedy Primary School"
Directora Nieves Stojanowski, Vicedirectora Gabriela Rapicavoli, Bárbara Synowiec, Gisela Sandoval, Laura Kreiman, Raquel Fernández, Silvia Aspera, Valeria Meza, Valeria Pérez, Virna Testa

Escuela Especial Nro. 28 "Prof. Bartolomé Ayrolo"
Directora Gabriela D'Elías, Vicedirectora Gabriela Milani, Cecilia Maltez, Daniela Bello Bontas, Diego Rodas Nicoli, Emilse Módica, Mercedes Diepenbrock, Mercedes Pandullo, Nora Bochicio

Escuela Especial Nro. 29 "Dr. Osvaldo Magnasco"
Vicedirectora Prof. María Jose Toledo, Directora Prof. Lorena Carnacedo, Intérprete LSA Prof. Eda Vera, Cesira Bini, Karina Staricco, Marcelo Gómez, María Laura Mentasti, María Laura Rodríguez, María Sol Muñoz, Silvana de Simone, Valeria Talavera, Viviana Rey

Escuela Pública Nro. 10 "Gregoria Perez". *Daniela González.*

Escuela Pública Nro. 3 "Arturo Marasso"
Director Javier Cánepa. Laura Bertani, Beatriz Huanca, Alejandro Barbatelli, Gabriela Furnari, Silvia Soto

Escuela Pública Nro. 13 "Armada Argentina". *Docente Luciano Damián Ugazio.*

Escuela Pública Nro. 26 "Dardo Rocha"
Directora Marcela Alejandra Lobelos. María Alejandra Campo y Marta Porto Carbia

Fundación COR. *Directora Silvia Valerio, Marcela Barrios, Maria Castillo.*

Club de Chicos de Saavedra
Ramiro Gonzalez Gainza, Luis Sanchez Berazategui, Diego Mendez, Nicolas Capparelli, Mariana Pasquali, Clarisa Darbon

Escuela Pública Nro. 942 "Clorindo Omar Blanco"
Directora Cristina Elisa Prette Gaona, Vicedirectora Myrna Mariel Aguiar, Enrique Ariel Del Curto, Gabriela Elena Montenegro, Marisa Viviana Ríos, Yanina Evelyn Khon

Escuela Pública Nro. 607 "Bernardino Rivadavia"
Directora Nidia Ester Josuran, Vicedirectora María Elizabeth Leiva, Vicedirectora Estela Alvitos, Dorita, José Luis Cardozo, María de los Angeles Lasala, Marta Nieves, Rosana Rodriguez, Sandra Blanco, Vanesa Sosa Gonzalez

Escuela Pública Nro. 423 "Yebrail Matta"
Directora Sara Fanny Feldman, Vicedirectora Mabel Osterdaj, Claudia Schweizer, Diana Soto, Javier Rodríguez Rivero, Johana Natalí Idoyaga, Juana Lucia Flores, Lilian Esquivel, Maria Catalina Benítez, Nadia Soledad Cabrera, Olga Bulacio, Oscar Alberto Ponce, Sandra Almirón, Verónica Romero

Créditos

Alumno	Escuela	Página
Camila Aylén Caballero (Mariposa)	607	Tapa
Nicole M.	26	1
Iara Pelozo	423	2
Milagros	607	3
Iván de Jesús Osuna, Selene Lorena Lugo	942, 607	4
Rocío L.	29	5
Rocío Ruiz Diaz	Club	6
Rocío Arancio	Club	7
Valentina G.	16	8
Norma B.	29	9
Mauricio S.	607	10
Brisa Milagros C.	423	11
Erick R.	COR	12
Priscila Correa	942	13
Micaela C., Matías Mesquiatti	423, 10	14
Agustín E. Madeo	16	15
Agustina Nuñez Colman	423	16
Tania Dianela R.	423	17
Julieta Salinas	423	18
Luna B. López	29	19
Paula L.	29	20
Candela T.	COR	21
M.M.	10	22
Mauro E.	COR	23
Anónimo	28	24
Sabrina Guzmán	16	25
Martín Crosch	10	26
Daniel Stiwar, Luca Prenollio	10, 10	27
Florencia Arispe	Club	28
Zoe Vazquez, Anónimo	Club, 607	29
Marcos Blanco	942	30
Estefania Cazetti, Luna B.P. Habat	942, 16	31
Agostina Costa	Club	32

Créditos

Alumno	Escuela	Página
Thomás De Oliveira	10	33
Anónimo	423	34
Margarita A. Medina	607	35
Nahir Luna Coss	16	36
Ayelén Katherin Rivarola, Dara C.	607, 10	37
Narela Sol	16	38
Daniel Toledo	607	39
Frankury, Aylén G., Pedro Martín Sánchez, Brian, Paloma Milagros Pellegrini, Verónica P., Macarena A.	10, 607, 607, 29, 16, 29, 3	40
Anónimo, Jessica R.	16, 29	41
Mara Cabariti, Aixa N.C.	16, 3	42
Rocío Rojas, Celeste Martínez	28, 607	43
S.B.	10	44
Romina Romero Cóceres	423	45
Camila Alvarez	10	46
Patricia Elizabeth Romero	423	47
Candela A. Rodíiguez	16	48
Nahuel G.	607	49
R.C. Guillermo	16	50
Franco G.	COR	51
Aldana Mediamolle	16	52
Camila Delgado, Tamara Retomozo	Club, 607	53
Sara Kim	16	54
Enzo Luis Lecuna, Jesús Z.	607, 10	55
Mateo Ayala	10	56
Daniela Acosta, Veronica Barrientos	942, 942	57
Nazarena L.	COR	58
Bárbara Espindola	16	59
Lumi	16	60
López Rivera, Josefina Preiser, Gonzalo Gimenez	10, 16, 10	61
Tobías M.C.	16	62
Candela Martínez	16	63

Créditos

Alumno	Escuela	Página
Melina G. Morales	10	64
Luz Janela C., Brenda Daniela Agustín Ojeda	607, 13	65
Patricia Arias	13	66
J.M. Gálvez	423	67
Abril Pereira	423	68
Gustavo Paniagua Mercado, Carolina Galarza, Mercedes Díaz Gómez	26, 423, 10	69
Fernando López, Esmeralda Salinas Vásques	26, 26	70
Sebastián Méndez, Anónimo	26, 26	72
Brisa M. Altamirano	423	73
Giuliana Ailen V.	607	74
Astrid N.	607	75
Natalia Elizabeth González B.	16	76
Luciana F. Acosta	423	77
Agustina T.	COR	78
O.D.L.	16	79
Milagros E.	3	80
Franco Nicolás Aguilar	26	81
Emilce Mónica Ledesma	13	82
Marcela López	3	83
Anónimo, Ailen García, Ariel Quintana	942, 942, 942	84
Alejandra D.M.	607	85
Agustina Romero	607	86
Jonathan G.T.	29	87
Agustina Pereyra	16	88
Matías B.	COR	89
José Daniel Castillo	423	90
Lucas Sebastián Mingrino	16	91

Menciones de Honor

Escuela Pública Nro. 16 "John F. Kennedy Primary School"
Agozzino Luján Marina, Agustín Ottati, Aixa Latorre, Alejo F. Mayorga, Andrea N. Picos, Anónimo, Augusto Salinas, Aylen Martínez, Aylen Olivera, Camila Ocampo Torre, Camila Saavedra Violi, Candela Pereyra, Carolina D. Rocha, Celeste Abigail Goméz, Celeste Belen Rios, Corona Leonel Roman, Cristian Jiménez, Daiana Sosa, Erika Grassi, Ezequiel Villanueva, F.M., Fran Torres, Franco L. Simao, Franco Mandado, GG, Giuliana S. Carranza, Giuly L.B., Iván del Villano, Iván Sebastián Zabala Pesoa, Javier Cardozo, Joaquín, Joaquín Meza, Lautaro Gando, Lautaro García, Lautaro Majluf, Lionel Messi, Luca R., Lucas Ortuzar, Luciana Vallone, Lucianao A. Albornoz, María Camila Giordano, Martín Thompson, Mateo Gorga, Matías Rodríguez Nuñez, Micaela Constanza Rausch, Morena Pastine, Nahuel Iván Santarossa, Naomi Ocampo, Nicolás Vega, Priscila Waigel Mele, Ramiro Daniel Tula, Rodrigo A. Muschetto, Santino Casal Sosa, Sofía Vaccaro Vitali, Sofy Coronel Ríos, Sol Sutera

Escuela Especial Nro. 28 "Prof. Bartolomé Ayrolo"
Camila Espinoza, Celeste Defeo, Cristian Giménez, Facundo De Georgis, Francisco Arce Benítez, Gus Duarte, Jose María Opimí, Julián Elvis, Luciano Gomez

Escuela Especial Nro. 29 "Dr. Osvaldo Magnasco"
Denis B., Dolores S., Elena R., F.V., Florencia A., Julián Gonzalez, M. Villa, Manuel R., Maías E. Espindola, Rocío L., Santiago M., Sebastián L.

Escuela Pública Nro. 10 "Gregoria Pérez"
Agustín Daniel Díaz, Agustín M., Alexia Caminos Olivo, Anónimo, Bernal Elías, Camila Aylén Anamayo, Camila Simó Carbini, Cuba Brian Sebastáan, Francisco del Rio, Franco Paiva, Giménez Javier, Guillén, Jaime Eduardo, Javier Alejandro Cabrera, Jesús González, Juan Jesús, Juan P. Schuhwerk, Kevin Carmenini, Kevin Villalba, Lucienne Svanascini Arincoli, Mariano Meza, Ruiz Carlos Antonio, Sabrina Soto, Sebastián Mendoza, Shayra Selene Silva, Valentín Unel Merano

Escuela Pública Nro. 3 "Arturo Marasso"
Alejandro C., Antonella M., Gastón U., Gian Franco C., Iván Javier López, Mohamed Ali G., Verónica M.

Escuela Pública Nro. 13 "Armada Argentina"
Angeles María Quiroga, Carolina Monasterio

Escuela Pública Nro. 26 "Dardo Rocha"
Dinora E. Arcienega, Facundo Méndez, Franco Martin Kihn, Jhosselinne Paricagua, Maías Orellana, Valia Falcón, Zoe Pecorelli

Fundación COR
Camila P., Ever A., Iara A., Jennifer R., Jesús C., Ludmila I., Micaela S., Miriam I., Nicolas L., Priscila S., Rodrigo B., Silvia P., Thiago F.

Club de Chicos de Saavedra
Bianca Montero, Brenda Costa, Brisa Uliano, Guillermina Costa, Ian Lopez Markov, Iara Lucía Cullari, Julián Arancio, Kiara Gaymez, Ludmila Uliano, Malena Violeta Chávez, Martín Guindon, Martina Vieyra, Sandro Santiago Borga Alvarez, Santiago Guindon, Santiago Vázquez, Thiago Fitzharris

Escuela Pública Nro. 942 "Clorindo Omar Blanco"
Alan Gastón Solis, Alejandro, Analía Beatriz Dominguez, Araceli Olivera, Borda, Camila Elena Lencina, Camila Sánchez, Claudio Jesús Ramirez, Diego Martinez, Estefanía Cazetti, Estefanía Correa Soraya, Ezequiel David Frías, Florencia Marianela Ruiz, Gimena Retamozo, Gisela Baéz, Gustavo Gabriel Gargete, Heber Hernan Castillo, Hugo Javier Sánchez, Ludmila Ortiz, Madi Romero, Malaquías Gonzalez, Marcos Alejandro Alarcón, María Belén García, Matías Ariel Blanco, Micaela Ailén García, Oscar Daniel Martinez, Reina, Rodrigo Nicolás Borda, Santiago Ismael Heredia, Selena Noemí Vernon, Verónica Analía Barrientos, Viviana Angélica Grance Garcia

Escuela Pública Nro. 607 "Bernardino Rivadavia"
Agustín Alfredo Vallejos, Agustina D. Velazquez, Anónimo, Araujo C., Azul F. Cristaldo, Bárbara Zalazar, Belén Pérez, Belén Urbina, Bruno Manuel Romero, Camila Estefanía Carruega, Candela Pérez, Casco F., Cirse Nuñez, Claudio Alberto M., Cristian Blanco, E.S.A., Fernando Andrés F., Ivana González, Jago García, Joaquín Hugo Soneogni, Joel Sánchez, Joel Solís, Jorge D'íaz, Jose D. Ramírez, José M.S., Karen la huesita, Lucas Días, Lucas R. Aguirre, Lucía Vera, Lucila Belén Solís, Manel de J. Sánchez, Marcia Danisa Solís, María de los Angeles Zarate, Matias Emanuel C., Maximiliano Marzorati, Mica Aylén M., Micaela Belén R., Miguel A. Laureana, Natalí Silva, Nelson Ballesteros, Pablo Solis, Priscila A. González, Rafael José Aranda, Ramiro, Rocío Belen M., Rodrigo, Silvana B. Gueri, Silvina Centurión, Tomás Goméz, Valeria E. Encina, Valeria E.E., Viviana Romero, Y.A. Gueri

Escuela Pública Nro. 423 "Yebrail Matta"
Alvaro E. Ch., Anónimo, B.A. Rojas, Enzo Rodrigo Benítez, Iara X. Benitez Koleff, Lautaro G., Leila Sisul, Lucía Barrientos, Luciana Magalí Meza, Margarita, María Constanza G., Martín Exequiel S., Maximiliano Segovia, Rocío A., Tamara Romero

www.ingramcontent.com/pod-product-compliance
Lightning Source LLC
Chambersburg PA
CBHW051454290426
44109CB00016B/1758